PETITE BIBLIOTHEQUE DES THÉATRES.

AVIS.

C'est actuellement chez les sieurs Belin, Libraire, rue Saint-Jacques, et Brunet, Libraire, Place du Théatre Italien, que l'on souscrit pour la *Petite Bibliotheque des Théatres*.

Les personnes qui auront quelque chose de particulier à communiquer aux Rédacteurs de cette Collection Dramatique, sont priées de l'adresser, port franc, au Directeur et l'un des Rédacteurs, rue de la Sourdierre, n°. 14.

PETITE BIBLIOTHEQUE DES THÉATRES,

Contenant un Recueil des meilleures Pieces du Théatre François, Tragique, Comique, Lyrique et Bouffon, depuis l'origine des Spectacles en France, jusqu'à nos jours.

❊

A PARIS,

Chez { BELIN, Libraire, rue Saint-Jacques près Saint-Yves, BRUNET, Libraire, rue de Marivaux, Place du Théatre Italien.

M. DCC. LXXXIX.

Avec Approbation, et Privilége du Roi.

TABLE

De ce qui est contenu dans ce Volume.

THÉATRE FRANÇOIS, TRAGÉDIES,

Tome dix-huitieme.

Vie de Crébillon, suivie du Catalogue de ses Pieces, et précédée de son Portrait.

Atrée et Thyeste.

Électre.

Rhadamisthe et Zénobie.

CHEF-D'ŒUVRES

DE

CRÉBILLON.

A PARIS.

M. DCC. LXXXIX.

gravé par R. Delvaux, d'après celui d'Augustin de S.t Aubin.

VIE DE CRÉBILLON.

Prosper Jolyot de Crébillon, d'une famille noble et ancienne, naquit, à Dijon le 13 Février 1674, de Melchior Jolyot, Greffier en chef de la Chambre des Comptes de la même Ville, et de Genevieve Cognard, fille du Lieutenant-Général de Beaune. Le trésor des Chartes de cette Chambre des Comptes atteste la noblesse de cette famille, et nous en rapporterions ici les titres si ceux que Crébillon acquit par ses Ouvrages ne suffisoient pas seuls à sa gloire; mais on oubliera plutôt que deux freres Jolyot furent anoblis, en 1442, par Philippe-le-Bon, pour leurs services militaires, que l'on n'oubliera que Prosper Jolyot a fait *Atrée*, *Electre* et *Rhadamisthe*.

On ignore les particularités de sa premiere jeunesse. On sait seulement qu'il fit ses humanités au Collége des Jésuites de Dijon. Ces Instituteurs célebres avoient coutume de placer sur une liste de leurs écoliers, et à côté de leurs noms, des épithetes qui exprimoient leurs bonnes ou leurs mauvaises qualités. Fontenelle, par exemple, qui avoit aussi étudié chez eux, avoit pour devise : *Adolescens omnibus numeris absolutus et inter discipulos princeps.* « Jeune homme accom- » pli, à tous égards, et le modele de ses con- » disciples. » Voici celle qui étoit jointe au nom de CRÉBILLON. *Puer ingeniosus, sed insignis nebulo.* « Enfant plein d'esprit, mais un » franc polisson. » Cette note fut fournie par le Pere Oudin, Jésuite de Dijon, à l'Abbé d'Olivet, qui la lui avoit demandée, du consentement de CRÉBILLON, quelque tems après qu'il eût été reçu à l'Académie Françoise. CRÉBILLON la lut un jour en pleine Académie, avant une des séances particulieres. Il éclata de rire à la derniere qualification, et se plut, lui-même, à faire part de cette découverte à tout le monde.

CRÉBILLON, ayant achevé ses études, voulut se consacrer à la Littérature ; mais ses parens, trop pénétrés des vieilles maximes qui dans presque toutes les familles proscrivent impitoyablement la profession des Lettres, s'opposerent fortement à sa vocation. Jaloux, d'ailleurs, de conserver l'illustration qu'ils avoient acquise dans la Magistrature, ils destinerent le jeune CRÉBILLON à suivre la carriere du Barreau. Son pere l'envoya étudier le Droit à Besançon, et le fit recevoir Avocat. Ensuite il le mit en pension, à Paris, chez un Procureur, pour y apprendre les formes de la procédure. Loin de se conformer aux vues qu'on avoit sur lui, il se livra à toute la vivacité de ses passions, et son Procureur fut l'homme du monde avec lequel il eut d'abord le moins de commerce. Il ne voyoit en lui qu'un suppôt de la chicane, et daignoit à peine lui parler. Celui-ci, à son tour, regardoit son pensionnaire comme un jeune éventé, et ne lui portoit la parole que pour lui faire des remontrances, aussi mal reçues qu'elles étoient inutiles. Tous deux se faisoient tort. Ce Procureur, nommé Prieur, étoit homme d'esprit, et fils de Prieur à qui Scarron a adressé une Epître.

Un hasard, assez singulier, mit CRÉBILLON et son Procureur à portée de mieux se connoître et de se rendre enfin mutuellement justice. CRÉBILLON s'étoit paré un Dimanche, avec beaucoup de soin, pour aller à un bal, lorsqu'il survint une pluie affreuse, qui le força de rester à la maison. Il s'y trouva seul avec Prieur qui, témoin de l'impatience où ce contre-tems avoit jetté son pensionnaire, lui conseilla de se déshabiller, de prendre gaiement son parti, et proposa de se tenir réciproquement compagnie. CRÉBILLON y consentit. Prieur qui n'avoit pas moins de goût que lui pour les Spectacles fit tomber la conversation sur cette matiere. Il n'en fallut pas davantage pour échauffer la tête de CRÉBILLON. Il entreprit l'analyse des Pieces jouées depuis quelque tems, et entra dans une discussion où il développa tout son génie. Prieur jugea dès ce moment que la dissipation extérieure de CRÉBILLON cachoit un grand homme, qui s'ignoroit encore lui-même. Persuadé, surtout, par les traits qui lui étoient échappés, que la nature l'appeloit au genre tragique,

VIE DE CRÉBILLON.

il le pressa vivement de composer une Tragédie.

CRÉBILLON qui n'avoit alors d'autre garant de son talent pour la Poésie que quelques chansons, qu'il estimoit peu, et à qui, d'ailleurs, les chef-d'œuvres de Corneille et de Racine ne laissoient pas croire qu'il fût possible de se faire un nom après eux dans la même carriere, se révolta contre le conseil de Prieur. Il le rejetta avec d'autant plus de raison en apparence qu'il trouvoit moins d'analogie entre le talent de composer une chanson et celui d'inventer une Tragédie. Prieur ne se rendit point à cette objection : il la combattit vigoureusement, et, enfin, son sentiment prévalut. CRÉBILLON choisit pour son coup d'essai *La Mort des Enfans de Brutus.* Les Comédiens auxquels il présenta cette Piece la refuserent, et ils eurent raison, car, en laissant appercevoir dans son Auteur quelques dispositions à la Poésie, elle n'annonçoit pas qu'un jour il pût devenir un grand homme.

Désespéré de l'affront qu'il croyoit avoir reçu, CRÉBILLON ne rentra chez son Procureur que pour se plaindre, et il jura de ne plus faire de vers de sa vie. Prieur essuya le premier feu ; mais, aidé de l'impulsion secrete qui portoit CRÉBILLON vers le Théatre, il le ramena insensiblement à commencer une autre Piece. Ce fut *Idoménée*, que le Public reçut assez favorablement.

Malgré cette espece de succès, Melchior Jolyot ne vit point indifféremment que son fils fût devenu Poëte, ce qui lui paroissoit déroger à sa noblesse. Il chercha à l'en détourner, en lui écrivant des lettres très-vives ; mais elles resterent sans effet. *Atrée* parut et réussit bien plus qu'*Idoménée*. Melchior Jolyot n'en fut que plus irrité contre son fils. Il étoit devenu veuf, et, pour le punir, il se remaria en secondes noces. CRÉBILLON se crut autorisé par cet exemple à contracter aussi un mariage, auquel Melchior Jolyot ne vouloit point donner sont consentement. Il épousa, en 1706, Charlotte Péaget, fille d'un Apothicaire, de Paris, de laquelle il étoit devenu amoureux, et qu'il eut la douleur de perdre en 1711. (1) Mel-

---

(1) De cette union, qui dura si peu, Crébillon eut un fils unique, devenu moins célèbre par son

chior Jolyot, outré de cette alliance, formée malgré lui, déshérita son fils, qui ne s'en appliqua que plus ardemment à la Poésie ; (1) mais, enfin, peu de tems avant de mourir, en 1707, il le rétablit dans tous ses droits. CRÉBILLON, après la mort de Melchior Jolyot se rendit à Dijon pour recueillir sa succession ; mais, comme il n'entendoit rien aux affaires, il laissa vendre, ou mettre en décret le peu de bien qui lui revenoit de son pere, que son second mariage avoit presque ruiné.

---

mariage avec Myladi Staffort, de l'une des plus grandes familles d'Angleterre, que par ses Romans, qui l'ont mis au rang de nos meilleurs Écrivains dans ce genre.

(1) Prieur pensoit bien différemment que Melchior Jolyot sur le compte de Crébillon. Enchanté des succès que son ancien pensionnaire obtenoit sur la Scene Françoise, il les voyoit avec complaisance, et en partageoit, en quelque sorte, la gloire. Il étoit très en danger de la maladie dont il est mort, lorsqu'on joua *Atrée*. Il se fit porter à la premiere représentation de cette Piece, après laquelle Crébillon l'étant aller voir dans sa loge, Prieur lui dit, en l'embrassant : « Je » meurs content ; je vous ai fait Poëte, et je laisse » un homme à la nation. »

« CRÉBILLON avoit sauté, si l'on peut parler ainsi, de la Tragédie d'*Idoménée* à celle d'*Atrée* et à celle d'*Electre*, qui laisserent la premiere bien loin derriere elles, et il montra au Public étonné le vaste chemin qu'il avoit fait, dit d'Alembert, dans ses *Eloges des Membres de l'Académie Françoise*. Après le succès d'*Atrée* et celui d'*Electre*, on auroit cru que la gloire de CRÉBILLON étoit à son comble. C'étoit une chose très-rare au Théatre de voir des triomphes si rapides qui ne fussent pas interrompus et comme tempérés par des chutes. Ce fut une chose plus rare encore de voir les succès aller en augmentant, et le Poëte se surpasser, lui-même, dans *Rhadamisthe*, son chef-d'œuvre, et l'un de ceux du Théatre François. »

Rien ne prouve mieux la facilité avec laquelle CRÉBILLON travailloit que le peu d'intervalle qu'il mit à faire paroître successivement ses Pieces. Cela, cependant, étonneroit moins s'il n'eût pas été aussi dissipé qu'on le voyoit l'être; mais il avoit pour les plaisirs le goût le plus vif, et ses succès et sa célébrité l'avoient jetté dans le plus grand monde. Il ne pouvoit donc donner au

VIE DE CRÉBILLON.

travail que peu de momens, et encore fort souvent interrompus. Les personnes qui ont dit que pour faire des vers il étoit obligé de prendre des précautions extraordinaires, comme de fermer les fenêtres en plein jour et d'allumer des bougies dans sa chambre, ne l'ont sûrement pas bien connu. Il est vrai que quelquefois en composant il s'agitoit beaucoup et se promenoit, avec vivacité, dans toutes les pieces de son appartement; mais le plus souvent aussi il faisoit ses vers en rêvant, dans son fauteuil, et sans nul effort.

L'Amanach des grands Spectacles de Paris, année 1763, rapporte que « le célebre Anatomiste Duvernet, logeant au Jardin du Roi, dont CRÉBILLON aimoit beaucoup la solitude, lui avoit donné une clef des petits enclos qu'on y voyoit alors. Il travailloit dans ce tems-là à son *Rhadamisthe*. Un jour qu'il faisoit fort chaud, croyant n'être vu de personne, il avoit quitté ses habits. Entiérement abandonné à sa verve, il marchoit à pas inégaux et précipités, et poussoit, de tems en tems, des cris effroyables. Un Jardinier, qui l'observoit, sans le connoître, persuadé que c'étoit un insensé, ou un homme chargé de quelque mauvaise affaire, alla avertir M. Duvernet, qui accourut aussi-tôt, et qui, reconnoissant l'Auteur d'*Atrée* et d'*Electre*, rit beaucoup de la méprise du Jardinier. »

Le grand succès de *Rhadamisthe* procura à CRÉBILLON des amis puissans, que leur rang et leurs richesses mettoient à portée de lui être très-utiles. De ce nombre furent des Princes du Sang, tels que le Duc d'Orléans, Régent, le Comte de Clermont (ce dernier lui donna un appartement au Palais du petit Luxembourg) et d'autres personnes de distinction, telles que M. le Baron Hoquer, MM. Bignon, Bibliothécaires du Roi, M. Pâris, Garde du Trésor-Royal, &c. &c. ; mais il ne se servit de tant d'avantages que pour ses plaisirs et jamais pour sa fortune, dont il ne prenoit aucun soin. Il avoit été pourvu pendant quelques années de la Charge de Receveur mi-triennal des amendes de la Cour des Aides de Paris, mais cet office fut supprimé en 1721. CRÉBILLON à qui l'on avoit donné en remboursement un récépissé de cinquante-sept mille livres, négligea de le réaliser à tems, et se vit obligé de l'abandonner

donner pour deux mille livres. C'est par une suite de cette insouciance qu'il perdit, ou dissipa plusieurs billets qu'il avoit eus du système de Law, au lieu de s'en faire un bien être pour l'avenir.

Réduit à l'unique ressource que lui procureroient ses talens, il se flattoit de pouvoir obtenir encore de nouvelles couronnes, et de faire succéder à *Rhadamisthe* des Ouvrages dignes de celui-là. Il fut, en effet, suivi de *Xerxès* et de *Semiramis*; mais ces deux Pieces réussirent fort peu. CRÉBILLON s'occupa, dans le même tems, d'une Tragédie de *Cromwel*, qu'il n'acheva pas, et celle de *Pyrrhus*, qu'il donna après, parut d'abord être le terme de ses travaux Dramatiques; soit que cette Tragédie, de la maniere dont il l'a traitée, si contraire à son goût et au genre qu'il avoit adopté, eût épuisé son génie, en le fatigant, soit que, se voyant, après tant de succès, plus chargé de lauriers que de fortune, il fut enfin dégoûté du Théatre, où il avoit brillé si long-tems. Il renonça même, presqu'entiérement, au commerce des hommes, non par humeur, ou par misantropie, mais par amour pour la liberté, qu'il regardoit comme le seul

B

bien qui lui restât. Il se retira dans un lieu ignoré, où il se réduisit à une vie plus que frugale. Il dormoit peu, le plus souvent, à l'heure où les autres veillent, et il se plaisoit à être durement couché. Il étoit grand mangeur, mais il préféroit les alimens les plus simples et même les plus grossiers. On lui avoit connu autrefois, sans qu'il fût riche, beaucoup de goût pour le luxe, dans les meubles et dans les vêtemens ; mais de la maniere dont on le vit dans sa retraite, on n'auroit pas cru qu'il eût jamais pu attacher un grand prix à toutes ces choses-là. Tous les malheureux avoient des droits sur son cœur ; les bêtes mêmes, sur-tout si elles souffroient, excitoient sa compassion. C'est ce qui faisoit que l'on voyoit toujours chez lui une grande quantité de chiens et de chats, dont les infirmités prouvoient l'excès de sa sensibilité. Il avoit fait de sa chambre une sorte de ménagerie, et pour dissiper les mauvaises exhalaisons qui provenoient de ces animaux, il fumoit beaucoup, mais l'odeur du tabac ne remédioit pas entiérement à la corruption de l'air qu'il respiroit sans cesse. Quand on lui demandoit, dans les dernieres années de sa vie, pourquoi il avoit si long-tems vécu entouré d'animaux, dont il faisoit à-peu-près son unique société, il répondoit : « C'est que je » connois les hommes; » mais, comme l'observe d'Alembert, « il le disoit sans amertume, » et avec le sang-froid d'un Philosophe, qui » plaint ses semblables d'être méchans, et qui, » en craignant leur commerce, ne peut se ré- » soudre à les haïr. »

CRÉBILLON ne faisoit jamais de visites, ne comprenant pas même comment on pouvoit s'assujettir à en faire, et rien n'étoit plus difficile que d'obtenir de lui une réponse quand on lui écrivoit. Aimant les vers exclusivement, il paroissoit avoir conçu une haine insurmontable pour la prose, et de là vient qu'il s'en trouve si peu dans la collection de ses Œuvres. Mais s'il étoit si désagréable pour lui de se conformer aux devoirs de la société, il avoit l'équité de ne pas s'offenser que l'on s'en dispensât à son égard.

Dans sa solitude il s'amusoit à imaginer des sujets de Romans, qu'il composoit ensuite de mémoire, mais sans fixer ses idées sur le papier.

Il traçoit et remplissoit de même les plans de ses Tragédies, et il ne les écrivoit que lorsqu'il falloit en distribuer les rôles aux Acteurs. Il avoit une si grande passion pour les Romans qu'il devint presqu'indifférent à toute autre lecture. Cependant, il connoissoit parfaitement bien tous les Poëtes, anciens et modernes; mais rarement on les lui entendoit citer: encore falloit-il qu'il y fût forcé par quelque circonstance, parce qu'il regardoit ces sortes de citations comme les preuves de la pédanterie, pour laquelle il avoit la plus forte aversion.

Parmi les Romans de son goût, ceux de La Calprénede lui avoient paru mériter la préférence. Il en parloit avec admiration, et convenoit en avoir tiré beaucoup de secours pour ses Tragédies. Un jour qu'il étoit fortement occupé de la composition d'un de ses Romans, qu'il n'a jamais écrits, quelqu'un entra brusquement chez lui: « Ne me troublez-pas, lui cria-» t-il; je suis dans un moment intéressant. Je » vais faire pendre un Ministre fripon et chasser » un Ministre imbécille. »

CRÉBILLON étoit comme oublié, depuis long-tems, et presque mort pour la nation, lorsqu'on se ressouvint qu'il existoit encore, et que l'on songea à lui rendre justice. Malgré le grand nombre de ses succès, il n'avoit pu obtenir, dans les plus beaux jours de sa gloire, une place à l'Académie Françoise. Il y fut enfin reçu, le 27 Septembre 1731, à la place de M. de La Faye, et quelques années après on le nomma Censeur de la Police. Le Roi lui fit, dans le même tems, sur sa cassette, une pension annuelle de mille livres. Il en obtint aussi une de deux mille livres sur le Mercure de France, et il eut la gloire de voir une édition magnifique de ses Œuvres sortir des presses de l'Imprimerie Royale, gloire qui ne fut pas stérile pour lui, puisque le Roi lui fit présent de cette édition, et qu'elle lui valut environ deux mille écus. Le Roi, quelque tems après, lui donna une nouvelle place, sous le titre d'Homme de Lettres attaché à la Bibliotheque de Sa Majesté, avec une gratification annuelle de six cents livres; et, pour le dédommager de la perte d'un logement qu'il avoit obtenu et occupé pendant quelque tems dans l'une des maisons de la cour du vieux Louvre, lorsqu'on le lui retira en abattant ces maisons pour achever ce Palais, le Roi lui accorda une pension de quatre cents livres sur le département de ses bâtimens.

« Quelque bien placées que fussent ces récompenses, dit d'Alembert, il ne faut point en faire honneur à l'équité des contemporains de CRÉBILLON. La haine qui l'avoit frustré des distinctions Littéraires, dans le tems où il en étoit le plus digne, auroit ensuite voulu pouvoir l'en accabler, pour humilier un autre Ecrivain, dont la gloire méritoit, depuis long-tems, toute l'attention de l'envie. L'Auteur d'*Œdipe*, de *Brutus* et de *Zaïre* prit un essor effrayant pour ceux qui croyant alors tenir le sceptre de la Littérature n'étoient pas disposés à le voir passer et rester entre ses mains. Ils allerent chercher, au fond de sa retraite, le vieux et délaissé CRÉBILLON, qui, muet et solitaire, depuis trente années, ne pouvoit plus être redoutable pour eux ; mais qu'ils se flattoient d'opposer à l'Ecrivain illustre par lequel ils se voyoient éclipsés. Les partisans de CRÉBILLON le proclamerent comme le vrai et seul héritier du sceptre de Corneille et de Racine. Ils le placerent, de leur autorité, sur le trône de ces grands Hommes. Ils firent plus ; ils fixerent à ces trois Auteurs leur partage, et, pour ainsi dire, leur domaine dramatique, en surnommant Corneille *le Grand*, Racine *le Tendre* et CRÉBILLON *le Tragique* : comme si Corneille et Racine n'avoient été *Tragiques* ni l'un, ni l'autre. Il ne restoit plus de place pour un quatrieme, eût-il été *Grand*, *Tendre* et *Tragique*, tout-à-la-fois. »

« Cette cabale ne se contenta pas de faire reverdir les anciens lauriers de CRÉBILLON, elle voulut qu'il y en ajoutât de nouveaux, pour flétrir ceux de son concurrent. Elle crut, comme dans l'*Enéide*, mettre un nouvel Entelle aux prises avec un nouveau Darès. Les amis de CRÉBILLON le presserent d'achever sa Tragédie de *Catilina*, qu'il avoit commencée depuis long-tems, dont il leur avoit lu quelques morceaux et dont on parloit comme d'une merveille dramatique. Le Public qui entendoit louer cette Piece et ne la voyoit point paroître, quoiqu'on la lui promît toujours, s'écrioit quelquefois, avec Cicéron :

Jusques à quand abuserez vous de notre patience, Catilina ? Enfin, l'accueil que CRÉBILLON recevoit, de toutes parts, les sollicitations de Paris et de la Cour, les prieres de l'Académie, les ordres même du Roi, tout le détermina à achever et à donner sa Tragédie, qui eut quelques représentations, mais qui ne fut redevable de l'indulgence avec laquelle on la supporta qu'à l'intérêt qu'on avoit su inspirer pour la vieillesse de l'Auteur, et, sur-tout, à la ligue nombreuse et puissante, déchaînée contre celui qu'on vouloit immoler. »

CRÉBILLON étoit si peu flatté de l'ardeur indiscrette de ses amis qu'il s'opposoit même, autant qu'il le pouvoit, à tous les moyens dont ils vouloient se servir pour lui assurer des succès. Quelqu'un, qui lui étoit fort attaché, lui demanda des billets pour la premiere représentation de *Catilina* : « Eh ! morbleu ! lui dit CRÉBIL-
» LON, vous savez bien que je ne veux pas que
» personne se croie dans l'obligation de m'ap-
» plaudir ? —— Oh ! lui répondit son ami, ne
» craignez rien à cet égard. Ceux pour qui je
» vous demande ces billets ne vous en feront pas

» plus de grace pour les tenir de vos mains : je
» puis vous en répondre ! — En ce cas-là, vous
» en aurez, répliqua CRÉBILLON. »

Jaloux de justifier les faveurs de la Cour, CRÉBILLON entreprit, à l'âge de soixante-seize ans, une Tragédie du *Triumvirat*. Elle fut jouée, avec peu de succès, et disparut du Théatre, après quelques représentations. Il s'occupa encore ensuite d'une autre Tragédie, mais toute d'imagination, sous le titre de *Cléomede*, dont on ne connoît point le sujet. Il n'en composa que trois actes, que vraisemblablement il n'a jamais écrits, et qui ont été perdus, ainsi que ce qu'il avoit composé de son *Cromwel*. Quant à sa *Mort des Enfans de Brutus*, qu'il avoit écrite, il la retrouva sous sa main, parmi de vieux papiers qu'il regardoit comme inutiles, et il la jeta au feu, environ trente ans avant de mourir.

CRÉBILLON avoit une mémoire prodigieuse. Déja plus que septuagénaire, il récita, par cœur, aux Comédiens son *Catilina*. Quand il déclamoit quelques scenes à ses amis et qu'on faisoit une critique qui lui paroissoit juste, il corrigeoit l'endroit critiqué, et il oublioit totalement sa première leçon pour ne se souvenir que de la dernière. Sa mémoire ne conservoit que ce qu'il croyoit devoir retenir. En général, il étoit plus docile aux critiques que beaucoup d'Auteurs qui auroient tant besoin de l'être. Il récita un jour dans une assemblée de Gens-de-Lettres, une Tragédie qu'il venoit de faire, et dont on ignore le titre et le sujet. Les auditeurs la trouverent mauvaise : « Il n'en sera plus question, leur dit-il ; vous avez prononcé son arrêt, » et, dès ce moment, il oublia, tout-à-fait, cet Ouvrage.

Quoiqu'il eût dans l'esprit plus de force que de gaieté, il savoit plaisanter quelquefois. Dans le tems où il ne songeoit pas encore à finir son *Catilina*, dont il n'avoit fait alors que les deux premiers actes, il tomba sérieusement malade. Ces deux actes lui furent demandés par son Médecin, qui désespéroit de le guérir, et qui craignoit apparemment pour ses honoraires. L'Auteur malade lui répondit par ce vers si connu de la seconde scene du second acte de son *Rhadamisthe* :

« Ah ! doit-on hériter de ceux qu'on assassine ? »

Un autre trait de gaieté qui lui échappa, lui a mérité, par l'heureuse influence qu'il eut, la reconnoissance de tous les Gens-de-Lettres. En 1748 il apprit que des créanciers de mauvaise humeur avoient fait saisir entre les mains des Comédiens, sur une Sentence des Consuls, les honoraires de sa Tragédie de *Catilina*. Il s'en plaignit au Ministre, en observant que Catilina n'étoit point Consulaire. Cette plaisanterie fit rire Louis XV, à qui le Ministre en rendit compte, et cela occasionna un Arrêt en faveur de tous les Gens-de-Lettres, par lequel le Roi déclare les fruits de l'esprit insaisissables.

Les ennemis de CRÉBILLON faisoient courir le bruit qu'il n'étoit pas l'Auteur des Tragédies qui paroissoient sous son nom, et quelles étoient d'un Chartreux, de ses amis, qui étoit mort en 1714. On prétendoit que de si noires compositions n'avoient pu sortir que de la triste cellule d'un moine solitaire qui avoit pris le monde en horreur. *Catilina*, annoncé si long-tems, et qui ne se finissoit point, avoit accrédité ce bruit. On disoit que Catilina étoit enterré avec le Chartreux. CRÉBILLON s'amusoit, tout le premier, de cette plaisanterie, et pendant qu'il achevoit cette Tragédie il en déclama un jour une scene devant un jeune homme qui lui en répéta ensuite, sur le champ, plusieurs tirades : « Monsieur, lui dit CRÉBILLON, ne seriez-vous point, par hasard, le Chartreux qui fait mes Pieces ? »

Un autre jour, au milieu d'une grande compagnie où se trouvoit son fils, on demanda à CRÉBILLON quel étoit celui de ses Ouvrages qu'il estimoit le plus. « Je ne sais pas, répondit-il, qu'elle est ma meilleure production, mais, ajouta-t-il, en regardant son fils, voilà, sans doute, ma plus mauvaise. — C'est qu'elle n'est pas du Chartreux, répliqua vivement le fils. » Une autre fois encore en présence du fils Crébillon, son pere disoit qu'il se repentoit d'avoir fait deux choses, sa Tragédie de *Catilina* et son fils. « Consolez-vous, lui répondit celui-ci, le Public ne vous donne ni l'un, ni l'autre. »

CRÉBILLON se trouvant Directeur trimestriel de l'Académie Françoise, eut deux fois l'honneur de haranguer Louis XV, au nom de cette Compagnie.

Compagnie. La première fois, en 1744, après la cruelle maladie qui coûta tant de larmes à la France, et la seconde fois, l'année suivante, relativement aux succès de la campagne de Flandres. Dans ces deux occasions il parla au Roi, en prose et en vers, avec une noble assurance. Quelques-uns de ses amis parurent étonnés de ce que la présence du Monarque ne l'avoit nullement troublé : « Eh! pourquoi, leur dit-il, l'aspect d'un Prince qui ne peut faire trembler ses sujets que par la crainte de le perdre m'auroit-il intimidé ? »

Cet homme qui louoit quelquefois si bien ne pouvoit supporter la louange en face. Dans les dernieres années de sa vie il se fit lire ses Tragédies, et n'en dissimula ni les défauts, ni les beautés : « Je me juge, disoit-il, aussi impitoyablement que j'ai jugé les autres. » S'il avoit eu le courage de retoucher le style de ses Pieces et d'en faire disparoître les défauts de fonds, qu'il avoit la bonne-foi d'y reconnoître, il seroit peut-être parvenu à leur acquérir à la lecture l'estime qu'elles ont conservée à la représentation ; mais il composoit ses Ouvrages d'un seul jet, dans la premiere chaleur de l'enthousiasme, et ne put jamais se résoudre à les revoir ensuite à froid, pour les rendre plus dignes des gens d'un goût difficile.

Vingt ans avant sa mort il fut attaqué d'une érisipele aux jambes. Ce mal n'étoit pas dangereux. Il falloit seulement pour le détruire qu'il s'assujettît à un régime qu'on lui prescrivit, et qu'il ne voulut pas suivre. Mais le 12 Juin 1762 il eut une suppression d'urine, qui rendit son état fort alarmant. Il le reconnut, et, envisageant la mort avec une grande fermeté, sans aucune ostentation de courage, après une agonie assez douce, il expira le 17 du même mois, âgé de près de quatre-vingt-huit ans et demi. Il fut inhumé dans l'Eglise de Saint-Gervais, sa Paroisse, ne laissant rien du tout à son fils, qui sans les bienfaits du Roi et sa propre réputation n'auroit eu exactement pour fortune d'autre héritage que son nom. Les Comédiens François firent célébrer, dans l'Eglise de Saint-Jean de Latran, un pompeux service, comme une preuve de leur reconnoissance pour ce grand Poëte et de leur respect pour les Lettres. Ce qu'il y avoit alors à Paris de plus distingué, par la naissance, le rang, ou l'amour des Lettres, les Membres des Académies, les autres Corps Littéraires, tous les Gens-de-Lettres, enfin, les Artistes célebres, en tous genres, y furent invités et s'y rendirent en si grand nombre qu'à peine l'Eglise pouvoit-elle les contenir.

Quelque tems après la mort de CRÉBILLON le Roi ordonna qu'on lui érigeât un mausolée, en marbre, et M. le Marquis de Marigny, alors Directeur Général des Bâtimens de Sa Majesté, confia au ciseau de M. Le Moine ce monument, que l'on destina d'abord à l'Eglise de Saint-Gervais ; mais depuis on a changé cette destination, et il a été question de le placer à la Bibliotheque du Roi. Un anonyme a fait ces quatre vers pour être mis au bas de ce monument et en expliquer les attributs.

Tels sont tes attributs, ô tombe révérée !
Rhadamisthe sanglant respire la fureur,
Thyeste le remords, Oreste la terreur,
Et la vengeance y boit dans la coupe d'Atrée.

CRÉBILLON, depuis sa mort, est devenu l'objet de plusieurs Éloges publics, tant en vers qu'en prose, et ses Ouvrages ont été l'objet de plusieurs dissertations sur l'art de la Tragédie, de plusieurs parallèles entre ses Pieces et celles de nos meilleurs Auteurs Tragiques. Nous avons mis la plupart de ces divers écrits à contribution dans cette Notice sur sa vie.

Malgré la forte répugnance qu'il avoit toujours eue à écrire en prose, et qui le porta jusqu'à prier l'Académie Françoise de permettre, contre l'usage, qu'il fît en vers son Discours de réception dans cette Compagnie, outre les Romans dont nous avons dit qu'il s'étoit occupé, sans les écrire, il avoit encore entrepris deux Ouvrages en prose ; l'un étoit une sorte de Poétique sur la Tragédie, et l'autre étoit intitulé *Maximes pour les Rois* Ces deux morceaux n'ont point été achevés, et rien même de ce qu'il en a fait n'est parvenu jusqu'à nous.

CATALOGUE DES PIECES DE CRÉBILLON.

IDOMÉNÉE, Tragédie, en cinq actes, représentée, pour la premiere fois, au Théatre François, le 29 Décembre 1705; imprimée, l'année suivante, avec une Epître dédicatoire, en vers, adressée au Duc d'Orléans, devenu depuis Régent du Royaume, à Paris, chez François le Breton, *in-12*, et, depuis, dans toutes les éditions des Œuvres de l'Auteur.

Le sujet de cette Tragédie est trop connu pour le détailler de nouveau. On sait que c'est un sacrifice qui est, à-peu-près, le même que celui d'Isaac, de la fille de *Jephté*, chez les Juifs, et d'Iphigénie, chez les Grecs.

Idoménée, Roi de Crete, ayant été faire le siége de Troie, avec les autres Rois de la Grece, vit à son retour dans ses Etats sa flotte assaillie par une violente tempête; et pour se soustraire à la fureur de Neptune, il promit de lui sacrifier le premier mortel qui s'offriroit à sa vue en touchant la terre. Son fils Idamante fut celui qu'il apperçut d'abord, et il détesta bientôt le vœu imprudent qu'il avoit fait. Crébillon a ajouté à ce fond une intrigue d'amour. Idamante, pendant l'absence de son pere, a repoussé les entreprises d'un Prince rebelle. Il s'est opposé à l'usurpation de Mérion, qu'il a défait; mais il est devenu amoureux de sa fille, Erixene, qui le paye de retour. Idoménée, en arrivant, fait périr Mérion; mais il prend aussi de l'amour pour Erixene, et cette rivalité entre le pere et le fils découverte par le premier, qui perd tout espoir d'être aimé de la Princesse, l'engage à s'immoler, lui-même, pour satisfaire Neptune, sans verser le sang d'Idamante. Mais celui-ci, non moins généreux, renonce à Erixene, et se donne la mort pour sauver les jours de son pere, en remplissant son trop coupable vœu.

« La nécessité de remplir ce vœu barbare est ce qui forme le nœud de cette Tragédie; mais la rivalité d'Idoménée et de son fils n'ajoute rien à la force du sujet, observent les Auteurs du *Dictionnaire Dramatique*. En effet, est-il naturel et vraisemblable qu'un Roi déja vieux parle d'amour à une Princesse, dont il a fait mourir le pere, tandis que lui-même est obligé de sacrifier son fils pour sauver son peuple? Il est vrai que cette rivalité produit quelques scenes intéressantes. Elle fournit à Idoménée un motif de plus pour se tuer lui-même, et c'étoit peut-être la seule maniere de dénouer cette Piece ; car de représenter Idoménée pressant l'accomplissement de son vœu, c'eût été l'avilir. Une telle cruauté n'eût passé que pour foiblesse. Il n'avoit d'autre parti à prendre que de se dévouer à la place de son fils. La mort de ce fils met fin à sa perplexité, mais cette mort, trop précipitée, ne produit que de l'étonnement, et ce sujet, au fond si tragique, n'inspire qu'une pitié momentanée. On en sort moins ému que surpris. Quant à la versification, elle est plus forte que brillante, mais elle est animée par cette chaleur que la force produit. Enfin, il falloit n'être pas un homme ordinaire pour choisir d'abord un sujet si difficile à bien traiter. On voit que c'est Hercule qui, dès son enfance, cherche à combattre des lions. »

Le dernier acte de cette Tragédie ne réussit pas à la premiere représentation, tel qu'il étoit d'abord. Crébillon le refit, en vingt-quatre heures, et la Piece fut jouée treize fois de suite, dans sa nouveauté ; mais elle n'a pas été reprise depuis.

M. Le Mierre fit représenter, en 1764, une Tragédie du même sujet, et sous le même titre, mais sans amour ; et Danchet, dès 1712, avoit mis ce sujet à l'Opera, aussi sous le même titre, avec de la musique de Campra, mais sans pouvoir se passer d'une intrigue amoureuse.

* *Atrée et Thyeste*, Tragédie, en cinq actes,

représentée, pour la premiere fois, au Théatre François, le 14 Mars 1707; imprimée, avec une Préface, à Paris, en 1709, chez Pierre Ribou, *in-12*, et, depuis, dans toutes les éditions des Œuvres de l'Auteur.

* *Electre*, Tragédie, en cinq actes, représentée, pour la premiere fois, au Théatre François, le 14 Décembre 1708; imprimée, avec une Préface, à Paris, l'année suivante, chez Pierre Ribou, *in-12*, et, depuis, dans toutes les éditions des Œuvres de l'Auteur.

* *Rhadamisthe et Zénobie*, Tragédie, en cinq actes, représentée, pour la premiere fois, au Théatre François, le 23 Janvier 1711; imprimée, avec une Epître dédicatoire, adressée au Prince de Vaudémont, à Paris, la même année, chez Pierre Ribou, *in-12*, et, depuis, dans toutes les éditions des Œuvres de l'Auteur.

Xerxès, Tragédie, en cinq actes, représentée, au Théatre François, le 7 Février 1714; imprimée, à Paris, en 1748, chez Prault fils, in-12, et, depuis, dans toutes les éditions des Œuvres de l'Auteur.

Xerxès, Roi de Perse, a mis toute sa confiance dans son Ministre Artaban, qui est un ambitieux dévoré du desir de régner. Artaban, espérant y parvenir, engage Xerxès à désigner pour son successeur à l'Empire son second fils, Artaxerce, au préjudice de Darius, qui est l'aîné, et le véritable héritier du trône. Barsine, fille d'Artaban, sert aussi les projets criminels de son pere, sans en être complice, mais par l'amour qu'elle a pour Darius, qui aime Amestris, Princesse du sang Royal, de laquelle il est aimé, et qui est demandée par Artaxerce, à qui Xerxès ne peut la refuser. Artaban compte que cette rivalité perdra les deux jeunes Princes, en les détruisant l'un par l'autre. Mais se voyant trompé dans cette attente, il feint de s'intéresser à l'amour de Darius, et de vouloir lui faciliter les moyens d'enlever Amestris; et, sous le prétexte d'offrir à cette Princesse un gage certain de la foi de Darius, il demande à celui-ci son poignard, avec lequel il va assassiner Xerxès, pendant la nuit, accusant ensuite Darius de cet attentat horrible. Artaban est immolé par son confident, qui le découvre pour l'auteur du crime, et qui se tue, en même-tems; et Barsine s'empoisonne, autant pour se punir d'être la fille du coupable que pour se dérober à l'amour que lui a inspiré Darius, sans pouvoir le lui faire partager.

Artaxerce cede, enfin, Amestris à Darius, avec la moitié des Etats que Xerxès lui avoit destinés.

Cette Tragédie n'eut qu'une seule représentation, quoiqu'elle fût applaudie, dans un grand nombre de détails assez heureux ; mais on en trouva le principal personnage trop foible et celui d'Artaban trop atroce. On publia que *Le Couronnement de Daire*, ou *Darius*, de l'Abbé de Boisrobert, joué en 1641, l'*Artaxerce* de Magnon, joué trois ans après, et celui de l'Abbé Boyer, joué en 1682, avoient fourni la plus grande partie du sujet, des situations et des caracteres de cette Piece. Crébillon se fit justice; et quoique les Comédiens eussent le dessein de continuer à la jouer, et qu'ils en eussent même affiché une seconde représentation, il leur retira les rôles et les brûla devant eux, en leur disant : « Je me suis » trompé; le Public m'a éclairé. »

Le sujet de *Xerxès* avoit déja été celui d'une Tragi-Comédie-Ballet, en Italien, sous le même titre, divisée en six Entrées, avec un Prologue, et dont l'Auteur des paroles n'est pas connu. Elle fut mise en musique par Francesco Cavalli, et représentée, devant Louis XIV, dans la haute Galerie du Louvre, le 22 Novembre 1660; et le Programme en fut imprimé, en François, la même année, chez Robert Ballard, in-4°.

Le Pere Vionnet, Jésuite, de Lyon, traita aussi ce sujet dans une Tragédie, en cinq actes, en vers, pour le Collége de cette Ville, où elle a été jouée et imprimée, en 1749.

Sémiramis, Tragédie, en cinq actes, représentée, pour la premiere fois, au Théatre François, le 10 Avril 1717 ; imprimée, à Paris, la même année, chez Pierre Ribou, *in-12*, et depuis, dans toutes les éditions des Œuvres de l'Auteur.

Tout le monde connoît ce sujet. Voici comment Crébillon l'a traité.

Sémiramis, Reine de Babylone, voulant régner seule, a fait mourir le Roi Ninus, son époux, de qui elle a un fils, nommé Ninias, que l'on croit mort aussi, mais que Bélus, frere de Sémiramis, a fait élever, en secret, et qu'il a marié, très-jeune, à sa fille Ténésis. Bélus conspire contre Sémiramis, devenue, depuis, amoureuse d'un Guerrier, qui n'est d'abord connu que sous le nom d'Agénor, et qui est aimé aussi de Ténésis, qu'il aime. Ténésis retrouve son époux dans Agénor, et Sémiramis, furieuse d'apprendre qu'ils sont unis, veut se venger de tous les deux, en faisant périr sa rivale. Mais elle reconnoît, à son tour, Ninias dans Agénor ; et elle se donne la mort, pour expier tous ses crimes, et, surtout, pour se punir d'avoir brûlé d'un amour incestueux.

Cette Tragédie n'eut que sept représentations, dans sa nouveauté. Elle n'a pas été reprise depuis ; et, quant à sa conduite, à la maniere dont les caracteres sont présentés et à son style, elle fut l'objet de plusieurs critiques assez raisonnables, insérées dans les Ouvrages périodiques du tems.

Ce sujet avoit déja été traité au Théatre François avant Crébillon, dans trois Tragédies, du même titre, par Gilbert et par Desfontaines, en 1647, et par Madame de Gomez, en 1717. Il parut au Théatre de l'Opera, en 1718, une Tragédie-Lyrique, sous le même titre, en cinq actes, avec un Prologue, paroles de Roi et musique de Destouches, et Voltaire mit au Théatre François une nouvelle *Sémiramis*, en 1748.

Pyrrhus, Tragédie, en cinq actes, représentée, pour la premiere fois, au Théatre François, le 19 Avril 1726; imprimée, la même année, avec une Epître dédicatoire, adressée à M. Pâris, ancien Garde du Trésor Royal, à Paris, chez la veuve d'Urbain Coutelier, *in-12*, et, depuis, dans toutes les éditions des Œuvres de l'Auteur.

Glauclas, Roi d'Illyrie, à qui les jours de Pyrrhus, petit-fils d'Achille, ont été confiés, après la mort de Pyrrhus, son pere, Roi d'Epire, a fait passer ce jeune Prince pour un de ses fils, sous le nom d'Hélénus. Il est même prêt à livrer son véritable fils, Illyrus, à Néoptolême, l'usurpateur de l'Epire, qui demande Pyrrhus pour le faire périr, ayant découvert

vert que ce Prince est l'un des deux que Glaucias appelle ses fils. Pyrrhus est instruit de son sort, par Glaucias, et il se livre, lui-même, à Néoptolême, qui, frappé de tant de magnanimité et de courage, renonce à son projet sanguinaire. Il apprend que sa fille, Ericie, est aimée d'Illyrus et de Pyrrhus, mais qu'elle préfere ce dernier, et il l'unit à elle, pour sceller la paix qu'il lui jure, en lui rendant ses Etats. Pyrrhus n'accepte que la main de la Princesse, et se contente d'être assuré de succéder à Néoptolême sur le trône de l'Epire.

On a prétendu que Crébillon, piqué du reproche qu'on lui faisoit d'avoir été trop cruel dans toutes ses premieres Tragédies, et de ce qu'on le soupçonnoit de ne pas pouvoir l'être moins, n'avoit entrepris son *Pyrrhus* que pour prouver qu'il sauroit radoucir sa touche, s'il le vouloit. Il fit le plan de cette Piece de maniere qu'aucun des personnages n'y dût mourir ; mais cela lui coûta beaucoup. Il y travailla pendant cinq ans entiers ; et il n'est pas sûr qu'il fût parvenu à la finir, sans les sollicitations réitérées de son ami, M. Pâris, l'aîné, auquel il voulut plaire en l'achevant et en la lui dédiant lorsqu'il la fit imprimer. Elle eut assez de succès dans sa nouveauté pour mériter de rester au Théâtre, où elle reparoît à des époques éloignées l'une de l'autre.

Thomas Corneille avoit traité ce sujet, sous le même titre, en 1661, comme nous l'avons fait connoître dans le Catalogue de ses Pieces, tome neuvieme des Tragédies de notre Collection. Il y a une autre Tragédie, intitulée

D

Pyrrhe, de Jean Heudon, jouée et imprimée en 1598, et une Tragédie-Lyrique, sous le titre de *Pyrrhus*, en cinq actes, avec un Prologue, dont la musique est de Royer et les paroles attribuées à Fermelhuys, qui fut représentée, à l'Opera, en 1730, et imprimée, la même année, à Paris, chez Ballard, in-4°.; mais le Héros de ces deux dernieres Pieces est Pyrrhus, fils d'Achille, et elles n'ont rien de commun avec le sujet de celles de Crébillon et de Thomas Corneille.

Catilina, Tragédie, en cinq actes, représentée, pour la premiere fois, au Théatre François, le 20 Décembre 1748; imprimée, avec une Epître dédicatoire, adressée à la Marquise de Pompadour, à Paris, l'année suivante, dans la troisieme édition des Œuvres de l'Auteur, en trois volumes *in-12*, chez les Libraires associés, et, depuis, dans toutes les autres éditions de ses Œuvres.

L'ambitieux Catilina, de l'une des plus anciennes familles patriciennes de Rome, furieux de ce qu'on lui a préféré Cicéron pour le Consulat, conspire contre son heureux compétiteur, contre tout le Sénat et contre la République entiere dont il veut détruire la liberté. Mais il sait si bien couvrir ses projets du voile impénétrable de la dissimulation que, pendant long-tems, on ne peut le convaincre de sa trahison. On lui suscite, cependant, un témoin redoutable ; c'est Fulvie, qu'il a autrefois aimée, et qu'il a abandonnée pour Tullie, fille de Cicéron, malgré la haine qu'il a pour ce dernier. Fulvie, excitée par sa jalousie, accuse son perfide amant en plein Sénat. Mais comme il n'y a point encore de preuves suffisantes contre lui, Cicéron, pour l'éloigner de Rome, et la préserver de ses séditieuses entreprises, le fait nommer Gouverneur de l'Asie. Catilina voit le piége et refuse cette dignité. Enfin, il s'arme, et à la tête de ses conjurés, qui sont pris, en combattant contre la patrie, il est vaincu, et se tue pour se soustraire au supplice que l'on fait subir à tous ceux qu'il a entraînés dans son parti rebelle.

Cette Tragédie, à laquelle Crébillon travailla, ou plutôt qu'il promit au Public pendant environ vingt-deux ans, fut achevée à la sollicitation de la Marquise de Pompadour. On avoit su l'intéresser au sort de cet Auteur, et elle l'engagea à mettre en état d'être jouée cette Piece, qu'il lui dédia ensuite, en la faisant imprimer. Elle en fit faire tous les habits aux dépens du Roi ; et la premiere représentation attira l'assemblée la plus nombreuse et la mieux choisie que l'on ait jamais vue. *Catilina* fut joué vingt fois de suite dans sa nouveauté ; il n'a point été repris depuis. Cette Tragédie a le grand défaut que tous es personnages intéressans, par leurs caracteres individuellement connus, tels que Cicéron, sa fille et plusieurs autres, sont entièrement sacrifiés au personnage principal, qui ne peut intéresser, en aucune maniere, parce que son caractere est tout-à-fait vicieux, sans le moindre mélange de vertu. Crébillon avoit d'abord divisé le plan de *Catilina* en sept actes, ne croyant pas pouvoir traiter ce sujet dans une plus courte étendue, mais en le travaillant il a su le réduire au nombre ordinaire des cinq actes. Il envoya un exemplaire de cette Tragédie, dès qu'elle fut imprimée, au feu Roi de Prusse, Frédéric II, qui lui en fit ses remerciemens, par une Lettre, pleine d'éloges, écrite en François et de sa main, datée de Potzdam, du 8 Février 1749. Malgré cet illustre suffrage, si flatteur pour Crébillon, son *Catilina* a essuyé de nombreuses et justes critiques, auxquelles il étoit impossible qu'il échappât.

L'Abbé Pellegrin avoit déja traité ce sujet, sous le même titre, mais sa Piece, présentée aux Comédiens, n'a pas paru mériter d'être jouée, et il l'a fait imprimer, en 1742, à Paris, chez Prault, in-8°.

Les Anglois ont aussi une Tragédie de *La Conjuration de Catilina*, composée, dans le siecle dernier, par Ben-Johnson, d'après les *Catilinaires* de Cicéron, desquelles cet Auteur a traduit, en prose, dans sa langue, de longs morceaux, qu'il a placés parmi les vers de sa Piece.

Le Triumvirat, ou *La Mort de Cicéron*, Tragédie, en cinq actes, représentée, pour la première fois, au Théatre François, le 20 Décembre 1754; imprimée, l'année suivante, avec une Epître dédicatoire, adressée à Madame Bignon, Maîtresse des Requêtes, et une Préface, à Paris, chez Charles Hochereau, *in-12*, et, depuis, dans toutes les éditions des Œuvres de l'Auteur.

Octave, Antoine et Lépide, las d'être assujettis aux volontés du Sénat de Rome, et s'étant ligués, sous le titre de Triumvirs, pour s'emparer de l'autorité, proscrivent tous les Romains qui tiennent à l'ancienne constitution de la République. Le vertueux Cicéron n'est pas oublié dans la proscription. Antoine, surtout, qui depuis long-tems s'est signalé par ses débauches et ses dispositions à la tyrannie, et contre lequel Cicéron, comme Orateur, a lancé autrefois ses fameux plaidoyers connus sous le nom de *Philippiques*, n'a pu lui pardonner la rigidité de ses principes, ni la justesse de ses accusations. Mais Octave qui aime Tullie, fille de Cicéron, voulant obtenir la main de cette jeune Romaine, desire que l'on respecte les jours de son pere, à condition qu'il ne s'opposera pas aux entreprises des Triumvirs. Cicéron, au contraire, consent à donner Tullie à Octave s'il peut parvenir à détruire le Triumvirat. Cependant, Tullie est promise à Sextus, fils de Pompée. Elle l'aime et en est aimée; mais on le croit éloigné de Rome, comme son pere, tandis que, caché sous le nom de Clodomir, Chef des Gaulois, il y défend, autant qu'il le peut, les amis de la liberté contre les fureurs des trois tyrans. Il est enfin reconnu; mais ses efforts sont vains en faveur de Cicéron. L'implacable Fulvie, femme d'Antoine, partageant sa haine, et plus ardente que lui dans ses desirs de vengeance, a demandé la tête de celui qu'on a si justement surnommé le pere de la Patrie. On obéit à Fulvie, qui accable des outrages les plus barbares les restes inanimés de ce grand homme, et elle les fait placer ensuite dans la tribune aux harangues, où ils sont exposés aux regards de Tullie, qui se tue, ne voulant pas survivre à son pere et à la liberté de Rome.

Crébillon n'avoit entrepris cette Tragédie que pour venger, en quelque sorte, la mémoire de Cicéron, auquel il avoit fait jouer un assez mauvais rôle dans son *Catilina*. La premiere représentation du *Triumvirat* excita la curiosité d'un grand nombre de Spectateurs; et, en effet, c'étoit une chose intéressante que de voir l'Auteur de *Catilina*, attendu de lui pendant près de vingt-deux ans, rentrer encore dans la carriere, environ sept ans ensuite, à l'âge de quatre-vingt-un ans. Mais on trouva, en général, la Tragédie du *Triumvirat* bien foible, comparée à celles qu'il avoit données jusques-là; et l'on publia que le peu de morceaux qu'on pouvoit voir dans ce dernier Ouvrage décéler encore l'ancienne force de Crébillon, étoient extraits de son *Cromwel*, qu'il avoit autrefois abandonné, avant d'être fini. Il a repoussé cette Critique, dans la Préface qu'il a mise au-devant du *Triumvirat*, en le faisant imprimer. Cette Piece eut dix représentations de suite, dans sa nouveauté ; mais elle n'a pas été reprise depuis.

Voltaire a fait aussi une Tragédie du *Triumvirat*, intitulée *Octave et le jeune Pompée, ou Les Triumvirs*. Elle fut jouée le 5 Juillet 1764, mais il la retira après la première représentation, pour y faire des changemens ; et elle est imprimée dans toutes les éditions de son Théatre, postérieures à cette époque. Quoique le sujet de cette Tragédie soit le même, pour le fond, que celui qu'avoit choisi Crébillon, Voltaire l'a traité d'une manière différente, quant aux personnages et aux détails des circonstances.

Outre la Tragédie de *La Mort des Enfans de Brutus*, que Crébillon fit, dans sa jeunesse, à la sollicitation de Prieur, son Procureur, et que, sur le refus qu'en firent alors les Comédiens, il a depuis brûlée ; celle de *Cromwel*, qu'il n'a point achevée, parce que d'après quelques scenes détachées, qu'il en récita à des Séances Académiques, on lui observa que les situations en étoient trop fortes et trop susceptibles d'applications pour notre scene, et celle de *Cléomède*, dont il n'a fait que trois actes, et qu'à l'âge de quatre-vingt-cinq ans il entreprit pour plaire à feue Madame Bignon, comme il le lui dit, dans l'Epître dédicatoire de son *Triumvirat*, on lui attribue encore deux autres Tragédies, desquelles il n'y a gueres d'apparence qu'il se soit occupé. Une *Mort d'Agis*, dont le sujet, dit-on, est la mort de Charles premier, Roi d'Angleterre, mais qui n'est vraisemblablement autre chose que son *Cromwel*, duquel rien n'est resté; un *Juba*, qui est celui qu'avoit commencé Campistron, dans les dernieres années de sa vie, et qu'il n'a point achevé, comme nous l'avons dit à la fin du Catalogue de ses Pieces, tome vingt-quatrieme des Comédies du Théatre François de notre Collection. On a attribué, de plus, à Crébillon, mais avec beaucoup moins de fondement, encore une Comédie en vers, intitulée *Le Pere intéressé*, ou *La Fausse inconstance*, jouée au Théâtre François, en 1720. Cette Comédie est de l'Abbé Pellegrin, qui la donna, d'abord en cinq actes, sous le titre du *Pere intéressé*, ou *Les vrais Amis*, et sous le nom du Chevalier Pellegrin, son frere ; et comme elle ne réussit pas, il la refondit en trois actes, et la redonna en 1732, sous le titre de *La Fausse inconstance*, mais sans plus de succès que la premiere fois.

www.ingramcontent.com/pod-product-compliance
Lightning Source LLC
LaVergne TN
LVHW022204080426
835511LV00008B/1570